*Manuel Gahete*

# Epístola solar
# para Daniela

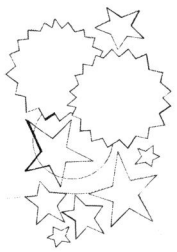

ediciones
del Genal

ediciones
del Genal

© *Manuel Gahete*
Cuadernos Ainhoa n.º 3

Directora de la colección: *Isabel Romero*

Autor: *Manuel Gahete*
Título: *Epístola solar para Daniela*
Edita: *Promotora Cultural Malagueña*
Coordina: *Ediciones del Genal*
Colabora: *Librerías Proteo y Prometeo*

Ilustración de portada: *Ana Ortiz Trenado*
Ilustración de interior: *Daniela Gahete Albendín*

Logo de Cuadernos Ainhoa: *María Fernández Ruiz*

Depósito Legal: *DL MA.1701-2024*
ISBN: *978-84-10114-42-5*

*Impreso en España / Printed in Spain*

*Málaga, 2024*

*Manuel Gahete*

# Epístola solar para Daniela

# Epístola solar para Daniela

*Si te oprime los dedos una mano pequeña*
*que te toma y te deja, que te logra y se va.*
Alfonsina Storni

## I

Cuando seas mayor. Cuando desborde
el tiempo
dos guirnaldas encendidas
sobre tu pecho en flor
y los muchachos,
venidos de la lluvia o el estiaje
de tanta juventud roja en el viento,
arrasen el ardor de tu mirada;

muchachos que, advenidos en centellas,
desnudos en la flama que el mar terne
hacina en el hordón de los estuarios,
beban el ocre tibio de las lágrimas
sobre la fresca grama de tu cuerpo,

entonces, niña mía,
cándida paz que alumbra el horizonte

como si no existiera más que el oro
sobre la densa finitud del barro,
evocarás la voz de quien te ama
y se refleja en ti por un instante,
hilván de fe disuelto con el humo.

# II

Cuando tengas mi edad
y todo sea
un desleírse lo que nunca ha sido,
ultimarás el verso inacabado
del corazón transido del abuelo.

Esto es la vida, sí, la vida aciaga,
un apunte, una luz, un verso, un círculo,
un vértice, un adiós, un simulacro,
ese palor intenso que amenaza
la blanca luz del día en que naciste
con la palabra amarga del abismo,
con la sorda disrupción del miedo.

Y nada más, un viento sulfurado
que levanta las hojas lentecidas,
una mañana en que lo hermoso sabe
a canela y limón,
un desatino,
el impacto febril que nos anuncia
cómo amor y dolor son dos almenas
de un bastión que no pudo conquistarse.

# III

Cuando tengas mi edad,
cuando las rosas
duelan -no sé- como la ruda espina,
canta sin voz y sin aliento inflama.

Porque a pesar de todo, niña mía,
ojos que siguen el fulgor del rayo,
manos de fuego que acarician sombras,
corazón que se agita a la intemperie
anhelando el azogue y el misterio,
a pesar de sentir la piel del frío
y hasta espanto de ser y de existirte,

debes vivir,
saber que un día de nuevo
alguien vendrá desde la oscura niebla
llamándote sin voz como me hablabas,
esperando mi voz y ya sabía
que era bello vivir por abrazarte.

# IV

Cuando tengas mi edad
y el mundo loco ya no sepa qué hacer con su locura,
mantén tu dignidad,
que no silencien
ese enjambre de besos que se enanzan
más allá del fracaso y la victoria.

Heme aquí. Me contemplas
acezante,
levando mi palabra, trashumando
en el ardor que escancia la memoria,
evocando la luz trasparecida
sobre el oscuro velo de la noche,
cuando calla el sonido de las aves
y el chasquido doliente de otros labios.

Heme aquí,
caminando sobre zarzas
pero libre y feliz,
ligero,
ardiente,
solo en la soledad mas no asolado.

# V

Cuando tengas mi edad,
habré cruzado esa línea de luz.

Tal vez mis ojos
varados en el yermo de la nada,
cuajados ya de estrellas arenosas,
prenderán las palabras que pronuncies
con un fuego voraz donde tus besos
nunca podrán errar ni consumirse.

Y tú habrás trascendido mis palabras
y los espacios tristes del silencio
y las oscuras armas del olvido
y la silente voz de lo innombrado,

también habrás levado la mirada
sobre el curtido rostro que te nombra,
y habrás sobrevivido
*femme fatale*
a la euforia fugaz de la caricia
que se tornaba pájaro de piedra.

Porque serás —lo sé— un río fragante,
un bosque denso donde crezca un hijo
que también llorará sobre tu llanto.

# VI

Cuando tengas mi edad
y no poseas la tersura en tu piel
ni su frescura
y tus músculos pesen como albatros,
abarrados, helados en el lodo,
recordarás los versos del abuelo,
aquellos que escuchaste de mi boca
cuando el cuerpo ejercía en todas las claves
con su vértigo loco, incontrolado;

cuando brillaba el sol en las pupilas
de la mujer que me ama,
a la que amo,
y era sencillo arderse en las pasiones
y creer que mañana,
¡sí!,
mañana, todo sería posible.

# VII

Cuando tengas mi edad
y no te espante el vino que derramas en los labios,
el corazón abierto como un cauce,
la piel sangrando risas y amapolas.

Entenderás entonces cómo duele
y cómo calma el beso y el abrazo.

Ahora llegas temblando, sonrojada,
te estremeces, me miras con recelo.
Me reprochas el gesto cariñoso
que arrebata las manos de tu padre.
Como si te robara lo que quieres,
tu corazón, tu sangre, tu saliva.

Y musitas palabras que liberan
la soledad, la luz, el aire helado,
negándole mi amor, más que palabras
enojos o designios porque suenan
como telas rasgadas, mas sin ruido,
dejando el corazón
a la intemperie
deshilado en tu voz y ya tan tuyo.

# VIII

Cuando tengas mi edad
y me descubras
en la página gris de un viejo libro
invocando el albor de un mundo nuevo,
recordarás el día en que, extrañada,
escrutabas mi rostro
preguntándote
por qué ese hombre,
afectuoso,
abraza
la juventud ardida de tu padre
quien responde con otro abrazo tierno
que tú no entiendes sino en ti y contigo.

Y te consolarás al recordarte
que me apartabas con lozana furia
como si un ciego vendaval de manos
convirtiera en astillas las palmeras
sobre la plata inmoble de las aguas.

# IX

Cuando tengas mi edad
y el tiempo vuelva
a tus ojos
los ojos de otra niña
solo tendrás noticia del cariño
y cómo roza el ala del milagro.

Y nada de lo oscuro
podrá nublar el ansia que fulgura
con su poder omnímodo en mis ojos
que son tus ojos mientras me contemplas,
herido y fértil, ante tu mirada.

Espero que recuerdes mi cariño,
este fervor de hielo que derrite
el fulgor de las hojas encendidas
sobre el azul que emerge de la tarde
y el resplandor de un verso que no cesa
aunque se seque el mar
y otro diluvio
asuela todo lo que el sol aliente.

# X

Cuando tengas mi edad
sabrás conmigo
que no hay llama pequeña que no espante
ni dolor que no cure la alegría
ni gozo que no pueda superar el olvido.

Y sabrás, niña mía, que no existe
más valor ni más riesgo
que enfrentarse
a la paz y la guerra de los días
que iluminen la senda del mañana.

Y no olvides, mi niña,
que, en tu sangre,
hierve el poder de renovar lo injusto,
la obligación de trasmudar lo aciago
en aurora de lava,
en clamor fiero,
en lábaro de fuego que enarbole
el plebiscito de la libertad.

# XI

Cuando tengas mi edad
y no te rindan los ritos
ni las leyes,
la memoria
de los días pasados sin conciencia
ni el cauce de los sueños te desborde
ni la luz te contemple
con la antigua belleza que forjaste,

entonces, niña mía,
has de saber que amé cada silencio
de tus labios latientes y ateridos,
cada mirada nueva de tus ojos
que no serán espejo de los míos,
cada caricia de tus manos leves
antaño fuertes y ahora ya vencidas,
los brazos elevados en tu vuelo
que no podrán volver a rodearte
y ese dolor que emana en la ternura
de saberte al final ceniza y nada.

# XII

Cuando tengas mi edad,
ya me habré ido
y el corazón tendrá por lecho humilde
un triste lar de orquídeas macilentas.

Añoraré el amor,
la paz,
el vino,
el tibio sol sobre mi piel desnuda,
dejándome morir de estar tan vivo
amando el renacer de tu belleza.

Me alejaré sin voz, como la tarde
sume el naranja roto de sus brazos
en el opaco cuerpo de la noche.

Me adentraré en el mar sin dios, sin nombre,
sin miedo, sin dolor,
¿sin esperanza?
Pero libre y feliz,
con tu luz viva
alumbrando el negror del universo.

# Haikus para Daniela

DANIELA

Sueña Daniela
con gajos de naranjas,
crestas de fuego.

Juega Daniela
en valles de jazmines,
cumbres de nieve.

Ríe Daniela,
sus ojos son dos lirios
de verde anhelo.

Gime Daniela,
estela de amapolas
sobre la escarcha.

Baila Daniela,
ni el mismo cielo puede
frenar su aire.

Vive Daniela,
para todos florece
la luz del alba.

# Índice

Número 3 de
**Cuadernos Ainhoa**

Bajo el cuidado de
**Isabel Romero**
directora de la colección

Se acabó de imprimir en Málaga
en el mes de abril del año 2024

Con la colaboración de
Ediciones del Genal y Librería Proteo Prometeo